매일 말씀 묵상
예수 365

모든 인간은 하나님의 형상을 닮은 존엄한 존재입니다. 전 세계의 모든 사람들은 인종, 민족, 피부색, 문화, 언어에 관계없이 존귀합니다. 예영커뮤니케이션은 이러한 정신에 근거해 모든 인간이 존귀한 삶을 사는 데 필요한 지식과 문화를 예수 그리스도의 사랑으로 보급함으로써 우리가 속한 사회에 기여하고자 합니다.

매일 말씀 묵상 **예수 365**

초판 1쇄 찍은 날 · 2013년 12월 9일 | **초판 1쇄 펴낸 날** · 2013년 12월 13일
지은이 · 전하리 | **펴낸이** · 김승태
등록번호 · 제2-1349호(1992. 3. 31) | **펴낸 곳** · 예영커뮤니케이션
주소 · (136-825) 서울시 성북구 성북1동 179-56 | **홈페이지**: www.jeyoung.com
출판사업부 · T. (02)766-8931 F. (02)766-8934 e-mail: jeyoungedit@chol.com
출판유통사업부 · T. (02)766-7912 F. (02)766-8934 e-mail: jeyoung@chol.com

Copyright ⓒ 2013, 전하리
ISBN 978-89-8350-877-5 (03230)

국립중앙도서관 출판시도서목록(CIP)

매일 말씀 묵상 예수 365 / 지은이: 전하리. — 서울 : 예영커뮤니케이션, 2013
p. ; cm
ISBN 978-89-8350-877-5 03230 : ₩14000
기독교[基督敎] 묵상집[默想集]
234.2-KDC5
242.5-DDC21   CIP2013026634

값 14,000원

* 잘못 만들어진 책은 교환해 드립니다.
* 본 저작물은 저작권법에 의하여 한국 내에서 보호를 받는 저작물이므로 무단 전재와 무단 복제를 금합니다.

매일 말씀 묵상

예수 365

전하리 지음

예영커뮤니케이션

서문_

> 나는 알파와 오메가라 이제도 있고 전에도 있었고
> 장차 올 자요 전능한 자라(계 1:8).

거룩하신 창조주 하나님께서 죄인들을 위하여 이 땅에 내려 오셨습니다. 작고 작은 마을 한밤중에 별빛만이 고요한 베들레헴 성안에 성경에서 예언하신 그대로 태어나셨습니다. 가축의 냄새만이 진동하는 마구간, 말의 밥그릇에 너무도 낮고 초라한 사람의 모습으로 말이죠.

하나님 아버지와 우리 사이에 막힌 죄의 담을 자신의 몸으로 허물어 친히 화목제물이 되어 주신 분, 죽은 나사로를 바라보시며 눈물을 흘리시던 분, 십자가를 앞에 두시고 죄인들을 향하사 땀방울이 핏방울이 되도록 통곡과 눈물로 기도하시던 분, 십자가에서 물과 피를 다 쏟으시며 죄인들을 용서하신 분, 주의 보혈을 믿고 회개하는 자마다 천국의 기업을 허락하시어 자녀 삼아 주시는 분, 그 어떤 미사여구로 주님의 깊고 크신 사랑과 아름다우신 뜻을 표현할 수가 있을까요. 연약한 우리의 마음과 생각조차도 헤아리시는 주님이 계셔서 우리는 외롭지 않습니다. 때로 험난한 세상의 파도도 두렵지 않습니다.

매일 말씀 묵상 『예수 365』는 성경에서 예수님의 인성과 신성에 대해서 분명하게 드러내는 말씀을 뽑아 묵상하기 쉽게 만든 소책자입니다.

성경 전체의 주제를 한마디로 요약한다면 죄인을 향한 끊임없는 "하나님의 사랑"일 것입니다. 둘째 아담인 예수님을 죄인들을 위해 이 땅에 보내시는 하나님의 크신 계획, 십자가의 사랑일 것입니다. 부디 『예수 365』를 통해 창조주 우리 하나님, 구주 예수 그리스도를 만나 소망과 축복이 넘치시는 삶이 되기를 기원합니다.

하나님이 세상을 이처럼 사랑하사 독생자를 주셨으니
이는 그를 믿는 자마다 멸망하지 않고
영생을 얻게 하려 하심이라(요 3:16).

전하리

어린 양

어린 양 한 마리
목자의 품에서 평온을 꿈꾼다
손톱도 갈쿠리도 지니지 않고

목차

1월 January
알파와 오메가

2월 February
인자

3월 March
만물의 으뜸

4월 April
자기 몸을 주신 분

5월 May
참 포도나무

6월 June
심령을 감찰하시는 분

7월 July

하나님이 택하신 종

8월 August

아버지의 영광으로 천사들과 함께 오실 분

9월 September

에덴 동산을 창설하신 분

10월 October

두려워하는 자를 심판하시는 분

11월 November

이기는 자에게 생명나무 과실을 먹게 하시는 분

12월 December

영원을 사모하는 마음을 주신 분

① 알파와 오메가

나는 알파와 오메가요 처음과 마지막이요 시작과 마침이라
요한계시록 22:13

2
각양 좋은 은사를 주시는 분

1월 January

온갖 좋은 은사와 온전한 선물이 다 위로부터 빛들의 아버지께로부터 내려오나니 그는 변함도 없으시고 회전하는 그림자도 없으시니라 야고보서 1:17

3
전능한 자

주 하나님이 이르시되 나는 알파와 오메가라 이제도 있고 전에도 있었고 장차 올 자요 전능한 자라 하시더라

요한계시록 1:8

4
처음과 마지막

1월 January

또 내게 말씀하시되 이루었도다 나는 알파와 오메가요 처음과 마지막이라 내가 생명수 샘물을 목마른 자에게 값없이 주리니   요한계시록 21:6

5

만유의 상속자

이 모든 날 마지막에는 아들을 통하여 우리에게 말씀하셨으니 이 아들을 만유의 상속자로 세우시고 또 그로 말미암아 모든 세계를 지으셨느니라   히브리서 1:2

독생자

하나님이 세상을 이처럼 사랑하사 독생자를 주셨으니 이는 그를 믿는 자마다 멸망하지 않고 영생을 얻게 하려 하심이라
　　　　　　　　　　　　　　　　　　　　요한복음 3:16

자기 백성을 저희 죄에서 구원할 자

아들을 낳으리니 이름을 예수라 하라 이는 그가 자기 백성을 그들의 죄에서 구원할 자이심이라 하니라

마태복음 1:21

구주

오늘 다윗의 동네에 너희를 위하여 구주가 나셨으니 곧 그리스도 주시니라 누가복음 2:11

그리스도

너희 안에 이 마음을 품으라 곧 그리스도 예수의 마음이니

빌립보서 2:5

길이요 생명

예수께서 이르시되 내가 곧 길이요 진리요 생명이니 나로 말미암지 않고는 아버지께로 올 자가 없느니라

요한복음 14:6

⑪ 하나님의 본체

그는 근본 하나님의 본체시나 하나님과 동등됨을 취할 것으로 여기지 아니하시고   빌립보서 2:6

사람의 모양으로 나타나신 분

1월 January

사람의 모양으로 나타나사 자기를 낮추시고 죽기까지 복종하셨으니 곧 십자가에 죽으심이라   빌립보서 2:8

모든 이름 위에 뛰어난 이름

모든 통치와 권세와 능력과 주권과 이 세상뿐 아니라 오는 세상에 일컫는 모든 이름 위에 뛰어나게 하시고

에베소서 1:21

하나님의 영광의 광채

1월 January

이는 하나님의 영광의 광채시요 그 본체의 형상이시라 그의 능력의 말씀으로 만물을 붙드시며 죄를 정결하게 하는 일을 하시고 높은 곳에 계신 지극히 크신 이의 우편에 앉으셨느니라
히브리서 1:3

15
잃어버린 자를 찾아오신 분

인자가 온 것은 잃어버린 자를 찾아 구원하려 함이니라

누가복음 19:10

말씀으로 만물을 붙드시는 분

이는 하나님의 영광의 광채시요 그 본체의 형상이시라 그의 능력의 말씀으로 만물을 붙드시며 죄를 정결하게 하는 일을 하시고 높은 곳에 계신 지극히 크신 이의 우편에 앉으셨느니라   히브리서 1:3

만물을 지으신 분

우리 주 하나님이여 영광과 존귀와 권능을 받으시는 것이 합당하오니 주께서 만물을 지으신지라 만물이 주의 뜻대로 있었고 또 지으심을 받았나이다 하더라

요한계시록 4:11

만물보다 먼저 계신 분

1월 January

또한 그가 만물보다 먼저 계시고 만물이 그 안에 함께 섰느니라 골로새서 1:17

어깨에 정사를 멘 자

이는 한 아기가 우리에게 났고 한 아들을 우리에게 주신 바 되었는데 그의 어깨에는 정사를 메었고 그의 이름은 기묘자라, 모사라, 전능하신 하나님이라, 영존하시는 아버지라, 평강의 왕이라 할 것임이라   이사야 9:6

기묘자

이는 한 아기가 우리에게 났고 한 아들을 우리에게 주신 바 되었는데 그의 어깨에는 정사를 메었고 그의 이름은 기묘자라, 모사라, 전능하신 하나님이라, 영존하시는 아버지라, 평강의 왕이라 할 것임이라   이사야 9:6

모사

이는 한 아기가 우리에게 났고 한 아들을 우리에게 주신 바 되었는데 그의 어깨에는 정사를 메었고 그의 이름은 기묘자라, 모사라, 전능하신 하나님이라, 영존하시는 아버지라, 평강의 왕이라 할 것임이라   이사야 9:6

㉒ 잠잠히 사랑하시는 분

너의 하나님 여호와가 너의 가운데에 계시니 그는 구원을 베푸실 전능자이시라 그가 너로 말미암아 기쁨을 이기지 못하시며 너를 잠잠히 사랑하시며 너로 말미암아 즐거이 부르며 기뻐하시리라 하리라   스바냐 3:17

영존하시는 아버지

이는 한 아기가 우리에게 났고 한 아들을 우리에게 주신 바 되었는데 그의 어깨에는 정사를 메었고 그의 이름은 기묘자라, 모사라, 전능하신 하나님이라, 영존하시는 아버지라, 평강의 왕이라 할 것임이라   이사야 9:6

평강의 왕

이는 한 아기가 우리에게 났고 한 아들을 우리에게 주신 바 되었는데 그의 어깨에는 정사를 메었고 그의 이름은 기묘자라, 모사라, 전능하신 하나님이라, 영존하시는 아버지라, 평강의 왕이라 할 것임이라   이사야 9:6

메시야

그가 먼저 자기의 형제 시몬을 찾아 말하되 우리가 메시야를 만났다 하고(메시야는 번역하면 그리스도라)

요한복음 1:41

말씀이 육신이 되어
우리 가운데 거하시는 분

말씀이 육신이 되어 우리 가운데 거하시매 우리가 그의 영광을 보니 아버지의 독생자의 영광이요 은혜와 진리가 충만하더라　　　　　　　　　　　요한복음 1:14

하나님의 아들

또 아는 것은 하나님의 아들이 이르러 우리에게 지각을 주사 우리로 참된 자를 알게 하신 것과 또한 우리가 참된 자 곧 그의 아들 예수 그리스도 안에 있는 것이니 그는 참 하나님이시요 영생이시라   요한일서 5:20

큰 대제사장

그러므로 우리에게 큰 대제사장이 계시니 승천하신 이 곧 하나님의 아들 예수시라 우리가 믿는 도리를 굳게 잡을지어다   히브리서 4:14

㉙ 승천하신 자

……승천하신 이 곧 하나님의 아들 예수시라 우리가 믿는 도리를 굳게 잡을지어다 히브리서 4:14

복음의 시작

1월 January

하나님의 아들 예수 그리스도의 복음의 시작이라

마가복음 1:1

31
하늘에서 내려온 자

하늘에서 내려온 자 곧 인자 외에는 하늘에 올라간 자가 없느니라
요한복음 3:13

인자

2월 February

인자가 자기 영광으로 모든 천사와 함께 올 때에 자기 영광의 보좌에 앉으리니 마태복음 25:31

2
여자의 후손

내가 너로 여자와 원수가 되게 하고 내 후손도 여자의 후손과 원수가 되게 하리니 여자의 후손은 네 머리를 상하게 할 것이요 너는 그의 발꿈치를 상하게 할 것이니라 하시고

창세기 3:15

죄악을 담당하신 자

2월 February

우리는 다 양 같아서 그릇 행하여 각기 제 길로 갔거늘 여호와께서는 우리 모두의 죄악을 그에게 담당시키셨도다

이사야 53:6

중보자

하나님은 한 분이시요 또 하나님과 사람 사이에 중보자도 한 분이시니 곧 사람이신 그리스도 예수라

디모데전서 2:5

성령으로 잉태된 자

2월 February

예수 그리스도의 나심은 이러하니라 그의 어머니 마리아가 요셉과 약혼하고 동거하기 전에 성령으로 잉태된 것이 나타났더니

마태복음 1:18

6

임마누엘

그러므로 주께서 친히 징조를 너희에게 주실 것이라 보라 처녀가 잉태하여 아들을 낳을 것이요 그의 이름을 임마누엘이라 하리라

이사야 7:14

은혜와 진리가 충만하신 분

말씀이 육신이 되어 우리 가운데 거하시매 우리가 그의 영광을 보니 아버지의 독생자의 영광이요 은혜와 진리가 충만하더라
요한복음 1:14

8

진리

진리가 예수 안에 있는 것 같이 너희가 참으로 그에게서 듣고 또한 그 안에서 가르침을 받았을진대   에베소서 4:21

만주의 주

그 옷과 그 다리에 이름을 쓴 것이 있으니 만왕의 왕이요 만주의 주라 하였더라   요한계시록 19:16

10
만왕의 왕

기약이 이르면 하나님이 그의 나타나심을 보이시리니 하나님은 복되시고 유일하신 주권자이시며 만왕의 왕이시며 만주의 주시요   디모데전서 6:15

주의 이름으로 오시는 왕

2월 February

이르되 찬송하리로다 주의 이름으로 오시는 왕이여 하늘에는 평화요 가장 높은 곳에는 영광이로다 하니

누가복음 19:38

12

이스라엘의 왕

종려나무 가지를 가지고 맞으러 나가 외치되 호산나 찬송하리로다 주의 이름으로 오시는 이 곧 이스라엘의 왕이시여 하더라
요한복음 12:13

⑬ 모든 사람을 대신하여 죽으신 자

2월 February

그가 모든 사람을 대신하여 죽으심은 살아 있는 자들로 하여금 다시는 그들 자신을 위하여 살지 않고 오직 그들을 대신하여 죽었다가 다시 살아나신 이를 위하여 살게 하려 함이라 고린도후서 5:15

다시 사신 자

그리스도께서 다시 살아나신 일이 없으면 너희의 믿음도 헛되고 너희가 여전히 죄 가운데 있을 것이요

고린도전서 15:17

모든 통치와 권세와 능력을 주관하는 자

2월 February

모든 통치와 권세와 능력과 주권과 이 세상뿐 아니라 오는 세상에 일컫는 모든 이름 위에 뛰어나게 하시고

에베소서 1:21

모든 피조물보다 먼저 나신 이

그는 보이지 아니하는 하나님의 형상이시요 모든 피조물 보다 먼저 나신 이시니   골로새서 1:15

지극히 크신 이의 우편에 앉으신 이

이는 하나님의 영광의 광채시요 그 본체의 형상이시라 그의 능력의 말씀으로 만물을 붙드시며 죄를 정결하게 하는 일을 하시고 높은 곳에 계신 지극히 크신 이의 우편에 앉으셨느니라   히브리서 1:3

선한 목자

나는 선한 목자라 선한 목자는 양들을 위하여 목숨을 버리거니와

요한복음 10:11

의의 길로 인도하시는 분

2월 February

내 영혼을 소생시키시고 자기 이름을 위하여 의의 길로 인도하시는도다
시편 23:3

세상의 빛

내가 세상에 있는 동안에는 세상의 빛이로라

요한복음 9:5

생명의 빛

예수께서 또 말씀하여 이르시되 나는 세상의 빛이니 나를 따르는 자는 어둠에 다니지 아니하고 생명의 빛을 얻으리라
요한복음 8:12

22

온전하게 구원하시는 분

예수는 영원히 계시므로 그 제사장 직분도 갈리지 아니하느니라 그러므로 자기를 힘입어 하나님께 나아가는 자들을 온전히 구원하실 수 있으니 이는 그가 항상 살아 계셔서 그들을 위하여 간구하심이라   히브리서 7:24-25

우리를 위하여 간구하시는 자

2월 February

누가 정죄하리요 죽으실 뿐 아니라 다시 살아나신 이는 그리스도 예수시니 그는 하나님 우편에 계신 자요 우리를 위하여 간구하시는 자시니라   로마서 8:34

죄를 정결케 하시는 분

이는 하나님의 영광의 광채시요 그 본체의 형상이시라 그의 능력의 말씀으로 만물을 붙드시며 죄를 정결하게 하는 일을 하시고 높은 곳에 계신 지극히 크신 이의 우편에 앉으셨느니라
히브리서 1:3

25

대언자

나의 자녀들아 내가 이것을 너희에게 씀은 너희로 죄를 범하지 않게 하려 함이라 만일 누가 죄를 범하여도 아버지 앞에서 우리에게 대언자가 있으니 곧 의로우신 예수 그리스도시라

요한일서 2:1

의로우신 분

나의 자녀들아 내가 이것을 너희에게 씀은 너희로 죄를 범하지 않게 하려 함이라 만일 누가 죄를 범하여도 아버지 앞에서 우리에게 대언자가 있으니 곧 의로우신 예수 그리스도시라

요한일서 2:1

언약의 보증

이와 같이 예수는 더 좋은 언약의 보증이 되셨느니라

히브리서 7:22

교회의 머리

그는 몸인 교회의 머리시라 그가 근본이시요 죽은 자들 가운데서 먼저 나신 이시니 이는 친히 만물의 으뜸이 되려 하심이요

골로새서 1:18

우리의 왕 되신 분

2월 February

나의 왕, 나의 하나님이여 내가 부르짖는 소리를 들으소서 내가 주께 기도하나이다   시편 5:25

1

만물의 으뜸

그는 몸인 교회의 머리시라 그가 근본이시요 죽은 자들 가운데서 먼저 나신 이시니 이는 친히 만물의 으뜸이 되려 하심이요   골로새서 1:18

교회는 그의 몸

교회는 그의 몸이니 만물 안에서 만물을 충만하게 하시는 이의 충만함이니라　　　　　　　　에베소서 1:23

만물을 그 발 아래
복종케 하시는 분

또 만물을 그의 발 아래에 복종하게 하시고 그를 만물 위에 교회의 머리로 삼으셨느니라   에베소서 1:22

부활

예수께서 이르시되 나는 부활이요 생명이니 나를 믿는 자는 죽어도 살겠고 요한복음 11:25

5

생명

만물이 그로 말미암아 지은 바 되었으니 지은 것이 하나도 그가 없이는 된 것이 없느니라 그 안에 생명이 있었으니 이 생명은 사람들의 빛이라　　　　　요한복음 1:3-4

6
안식일의 주인

3월 March

또 이르시되 인자는 안식일의 주인이니라 하시더라

누가복음 6:5

⑦ 잠시 잠깐 후면 오실 이

잠시 잠깐 후면 오실 이가 오시리니 지체하지 아니하시리라   히브리서 10:37

8
영원한 생명

이 생명이 나타내신 바 된지라 이 영원한 생명을 우리가 보았고 증언하여 너희에게 전하노니 이는 아버지와 함께 계시다가 우리에게 나타내신 바 된 이시니라

요한일서 1:2

아버지와 함께 계시는 분

아버지여 창세 전에 내가 아버지와 함께 가졌던 영화로써
지금도 아버지와 함께 나를 영화롭게 하옵소서

요한복음 17:5

우리를 택하신 분

곧 창세 전에 그리스도 안에서 우리를 택하사 우리로 사랑 안에서 그 앞에 거룩하고 흠이 없게 하시려고 그 기쁘신 뜻대로 우리를 예정하사 예수 그리스도로 말미암아 자기의 아들들이 되게 하셨으니 에베소서 1:4-5

⑪ 천국 복음을 전파하신 분

예수께서 모든 도시와 마을에 두루 다니사 그들의 회당에서 가르치시며 천국 복음을 전파하시며 모든 병과 모든 약한 것을 고치시니라   마태복음 9:35

모든 병과 모든 약한 것을
고치시는 분

3월 March

예수께서 온 갈릴리에 두루 다니사 그들의 회당에서 가르치시며 천국 복음을 전파하시며 백성 중의 모든 병과 모든 약한 것을 고치시니 마태복음 4:23

13

가난한 자에게 복음을 전하시는 분

예수께서 대답하여 이르시되 너희가 가서 보고 들은 것을 요한에게 알리되 맹인이 보며 못 걷는 사람이 걸으며 나병환자가 깨끗함을 받으며 귀먹은 사람이 들으며 죽은 자가 살아나며 가난한 자에게 복음이 전파된다 하라

누가복음 7:22

포로 된 자에게 자유를 주시는 분

주의 성령이 내게 임하셨으니 이는 가난한 자에게 복음을 전하게 하시려고 내게 기름을 부으시고 나를 보내사 포로 된 자에게 자유를…… 누가복음 4:18

15
눈 먼 자를 다시 보게 하시는 분

……눈 먼 자에게 다시 보게 함을 전파하며 눌린 자를 자유롭게 하고
누가복음 4:18

둘째 사람

첫 사람은 땅에서 났으니 흙에 속한 자이거니와 둘째 사람은 하늘에서 나셨느니라 고린도전서 15:47

율법을 완전케 하시는 분

내가 율법이나 선지자를 폐하러 온 줄로 생각하지 말라
폐하러 온 것이 아니요 완전하게 하려 함이라

마태복음 5:17

율법의 마침이 되신 분

그리스도는 모든 믿는 자에게 의를 이루기 위하여 율법의 마침이 되시니라 로마서 10:4

19
우리를 위해 저주를 받으사
나무에 달리신 분

그리스도께서 우리를 위하여 저주를 받은 바 되사 율법의 저주에서 우리를 속량하셨으니 기록된 바 나무에 달린 자마다 저주 아래에 있는 자라 하였음이라   갈라디아서 3:13

세리와 죄인의 친구

인자는 와서 먹고 마시매 너희 말이 보라 먹기를 탐하고
포도주를 즐기는 사람이요 세리와 죄인의 친구로다 하니

누가복음 7:34

21
습관을 따라 기도하신 분

예수께서 나가사 습관을 따라 감람 산에 가시매 제자들도 따라갔더니 그 곳에 이르러 그들에게 이르시되 유혹에 빠지지 않게 기도하라 하시고 그들을 떠나 돌 던질 만큼 가서 무릎을 꿇고 기도하여 누가복음 22:39-41

22
각종 병에 걸려 고통하는 자를 고치시는 분

예수께서 온 갈릴리에 두루 다니사 그들의 회당에서 가르치시며 천국 복음을 전파하시며 백성 중의 모든 병과 모든 약한 것을 고치시니 그의 소문이 온 수리아에 퍼진지라 사람들이 모든 앓는 자 곧 각종 병에 걸려서 고통당하는 자, 귀신 들린 자, 간질하는 자, 중풍병자들을 데려오니 그들을 고치시더라 마태복음 4:23-24

유대인의 왕

그의 위에 이는 유대인의 왕이라 쓴 패가 있더라

누가복음 23:38

24

우리의 허물과 죄로
찔리고 상하신 분

그가 찔림은 우리의 허물 때문이요 그가 상함은 우리의 죄악 때문이라 그가 징계를 받으므로 우리는 평화를 누리고 그가 채찍에 맞으므로 우리는 나음을 받았도다

이사야 53:5

25
자기 목숨을
많은 사람의 대속물로 주신 분

인자가 온 것은 섬김을 받으려 함이 아니라 도리어 섬기려 하고 자기 목숨을 많은 사람의 대속물로 주려 함이니라
마가복음 10:45

우리를 의롭다
하시기 위해 살아나신 분

3월 March

예수는 우리가 범죄한 것 때문에 내줌이 되고 또한 우리를 의롭다 하시기 위하여 살아나셨느니라

로마서 4:25

구원을 다 이루신 분

예수께서 신 포도주를 받으신 후에 이르시되 다 이루었다 하시고 머리를 숙이니 영혼이 떠나가시니라

요한복음 19:30

28 화목제물이 되신 분

그는 우리 죄를 위한 화목제물이니 우리만 위할 뿐 아니요 온 세상의 죄를 위하심이라   요한일서 2:2

자기를 낮추시고
죽기까지 복종하신 분

사람의 모양으로 나타나사 자기를 낮추시고 죽기까지 복종하셨으니 곧 십자가에 죽으심이라   빌립보서 2:8

십자가에 죽으신 분

사람의 모양으로 나타나사 자기를 낮추시고 죽기까지 복종하셨으니 곧 십자가에 죽으심이라   빌립보서 2:8

31
자신을 버리신 분

그리스도께서 너희를 사랑하신 것 같이 너희도 사랑 가운데서 행하라 그는 우리를 위하여 자신을 버리사 향기로운 제물과 희생제물로 하나님께 드리셨느니라

에베소서 5:2

① 자기 몸을 주신 분

그리스도께서 하나님 곧 우리 아버지의 뜻을 따라 이 악한 세대에서 우리를 건지시려고 우리 죄를 대속하기 위하여 자기 몸을 주셨으니 갈라디아서 1:4

2
우리를 사랑하신 분

사랑은 여기 있으니 우리가 하나님을 사랑한 것이 아니요 하나님이 우리를 사랑하사 우리 죄를 속하기 위하여 화목 제물로 그 아들을 보내셨음이라 요한일서 4:10

죽은 자 가운데서 살아나신 분

또 빨리 가서 그의 제자들에게 이르되 그가 죽은 자 가운데서 살아나셨고 너희보다 먼저 갈릴리로 가시나니 거기서 너희가 뵈오리라 하라 보라 내가 너희에게 일렀느니라 하거늘

마태복음 28:7

장사한 지 사흘 만에
다시 살아나신 분

내가 받은 것을 먼저 너희에게 전하였노니 이는 성경대로 그리스도께서 우리 죄를 위하여 죽으시고 장사 지낸 바 되셨다가 성경대로 사흘 만에 다시 살아나사

고린도전서 15:3-4

잠자는 자들의 첫 열매

그러나 이제 그리스도께서 죽은 자 가운데서 다시 살아나사 잠자는 자들의 첫 열매가 되셨도다

고린도전서 15:20

마귀의 일을 멸하시는 분

죄를 짓는 자는 마귀에게 속하나니 마귀는 처음부터 범죄함이라 하나님의 아들이 나타나신 것은 마귀의 일을 멸하려 하심이라

요한일서 3:8

세상을 이기신 분

이것을 너희에게 이르는 것은 너희로 내 안에서 평안을 누리게 하려 함이라 세상에서는 너희가 환난을 당하나 담대하라 내가 세상을 이기었노라   요한복음 16:33

8

목수

이 사람이 마리아의 아들 목수가 아니냐 야고보와 요셉과 유다와 시몬의 형제가 아니냐 그 누이들이 우리와 함께 여기 있지 아니하냐 하고 예수를 배척한지라

마가복음 6:3

하나님의 뜻을 온전히 이루신 분

예수께서 이르시되 나의 양식은 나를 보내신 이의 뜻을 행하며 그의 일을 온전히 이루는 이것이니라

요한복음 4:34

하나님의 자녀를
하나도 잃어버리지 않는 분

내가 하늘에서 내려온 것은 내 뜻을 행하려 함이 아니요 나를 보내신 이의 뜻을 행하려 함이니라 나를 보내신 이의 뜻은 내게 주신 자 중에 내가 하나도 잃어버리지 아니하고 마지막 날에 다시 살리는 이것이니라

요한복음 6:38-39

11
영생을 주시는 분

4월 April

내 아버지의 뜻은 아들을 보고 믿는 자마다 영생을 얻는 이것이니 마지막 날에 내가 이를 다시 살리리라 하시니라

요한복음 6:40

하나님의 자녀가 되는
권세를 주시는 분

영접하는 자 곧 그 이름을 믿는 자들에게는 하나님의 자녀가 되는 권세를 주셨으니   요한복음 1:12

오직 자기 피로
영원한 속죄를 이루신 분

염소와 송아지의 피로 하지 아니하고 오직 자기의 피로
영원한 속죄를 이루사 단번에 성소에 들어가셨느니라

히브리서 9:12

14
사망에서 생명으로 옮기신 분

내가 진실로 진실로 너희에게 이르노니 내 말을 듣고 또 나 보내신 이를 믿는 자는 영생을 얻었고 심판에 이르지 아니하나니 사망에서 생명으로 옮겼느니라

요한복음 5:24

15

양으로 생명을 더 풍성히 얻게 하시는 분

4월 April

도둑이 오는 것은 도둑질하고 죽이고 멸망시키려는 것뿐이요 내가 온 것은 양으로 생명을 얻게 하고 더 풍성히 얻게 하려는 것이라   요한복음 10:10

16
새로운 피조물이 되게 하신 분

그런즉 누구든지 그리스도 안에 있으면 새로운 피조물이라 이전 것은 지나갔으니 보라 새 것이 되었도다

고린도후서 5:17

반석

다 같은 신령한 음료를 마셨으니 이는 그들을 따르는 신령한 반석으로부터 마셨으매 그 반석은 곧 그리스도시라

고린도전서 10:4

18
영원한 처소를 예비하신 분

······내가 너희를 위하여 거처를 예비하러 가노니 가서 너희를 위하여 거처를 예비하면 내가 다시 와서 너희를 내게로 영접하여 나 있는 곳에 너희도 있게 하리라

요한복음 14:2-3

썩지 아니할 것으로 다시 살리실 분

나팔 소리가 나매 죽은 자들이 썩지 아니할 것으로 다시 살아나고 우리도 변화되리라　　　　고린도전서 15:52

생명책을 가지고 계신 분

이기는 자는 이와 같이 흰 옷을 입을 것이요 내가 그 이름을 생명책에서 결코 지우지 아니하고 그 이름을 내 아버지 앞과 그의 천사들 앞에서 시인하리라

요한계시록 3:5

21
행위대로 심판하시는 분

또 내가 보니 죽은 자들이 큰 자나 작은 자나 그 보좌 앞에 서 있는데 책들이 펴 있고 또 다른 책이 펴졌으니 곧 생명책이라 죽은 자들이 자기 행위를 따라 책들에 기록된 대로 심판을 받으니   요한계시록 20:12

22
천국의 시민권을 주시는 분

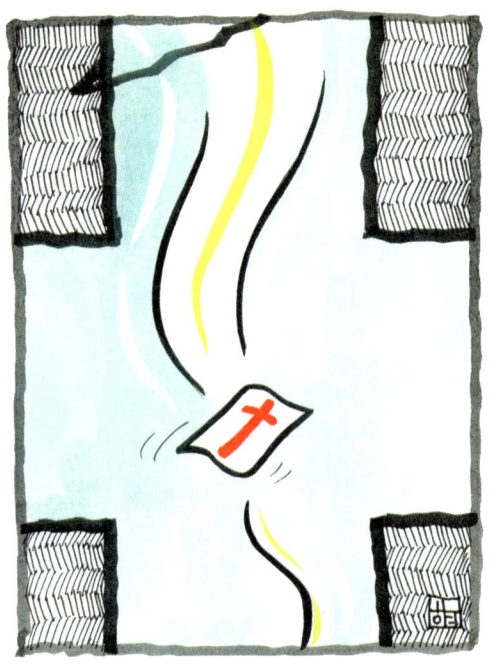

그러나 우리의 시민권은 하늘에 있는지라 거기로부터 구원하는 자 곧 주 예수 그리스도를 기다리노니

빌립보서 3:20

보혜사를 우리게 주시는 분

내가 아버지께로부터 너희에게 보낼 보혜사 곧 아버지께로부터 나오시는 진리의 성령이 오실 때에 그가 나를 증언하실 것이요 요한복음 15:26

24
예수님의 이름으로 구하는 것을 시행하시는 분

내 이름으로 무엇이든지 내게 구하면 내가 행하리라

요한복음 14:14

믿음의 주

믿음의 주요 또 온전하게 하시는 이인 예수를 바라보자 그는 그 앞에 있는 기쁨을 위하여 십자가를 참으사 부끄러움을 개의치 아니하시더니 하나님 보좌 우편에 앉으셨느니라
히브리서 12:2

26
하늘에서 내려온 자

하늘에서 내려온 자 곧 인자 외에는 하늘에 올라간 자가 없느니라
요한복음 3:13

이제까지 일하시는 분

예수께서 그들에게 이르시되 내 아버지께서 이제까지 일하시니 나도 일한다 하시매 요한복음 5:17

하늘과 땅의 모든 권세를 가진 자

예수께서 나아와 말씀하여 이르시되 하늘과 땅의 모든 권세를 내게 주셨으니 그러므로 너희는 가서 모든 민족을 제자로 삼아 아버지와 아들과 성령의 이름으로 세례를 베풀고 내가 너희에게 분부한 모든 것을 가르쳐 지키게 하라……

마태복음 28:18-20

성결의 영

성결의 영으로는 죽은 자들 가운데서 부활하사 능력으로 하나님의 아들로 선포되셨으니 곧 우리 주 예수 그리스도 시니라
로마서 1:4

천지를 창조하신 분

태초에 하나님이 천지를 창조하시니라   창세기 1:1

1
참 포도나무

나는 참 포도나무요 내 아버지는 농부라 요한복음 15:1

2
창세 전에 우리를 택하신 분

곧 창세 전에 그리스도 안에서 우리를 택하사 우리로 사랑 안에서 그 앞에 거룩하고 흠이 없게 하시려고

에베소서 1:4

우리를 아끼시는 분

……내가 정한 날에 그들을 나의 특별한 소유로 삼을 것이요 또 사람이 자기를 섬기는 아들을 아낌 같이 내가 그들을 아끼리니   말라기 3:17

4
천지에 충만하신 분

사람이 내게 보이지 아니하려고 누가 자신을 은밀한 곳에 숨길 수 있겠느냐 여호와가 말하노라 나는 천지에 충만하지 아니하냐   예레미야 23:24

사랑

5월 May

사랑하는 자들아 우리가 서로 사랑하자 사랑은 하나님께 속한 것이니 사랑하는 자마다 하나님으로부터 나서 하나님을 알고 사랑하지 아니하는 자는 하나님을 알지 못하나니 이는 하나님은 사랑이심이라　　　　　요한일서 4:7-8

6
영광이 온 땅에 충만하신 분

지극히 높은 곳에서는 하나님께 영광이요 땅에서는 하나님이 기뻐하신 사람들 중에 평화로다 하니라

누가복음 2:14

온전한 선물을 주시는 분

온갖 좋은 은사와 온전한 선물이 다 위로부터 빛들의 아버지께로부터 내려오나니 그는 변함도 없으시고 회전하는 그림자도 없으시니라 야고보서 1:17

8

우리를 위해 죽으신 분

우리가 아직 죄인 되었을 때에 그리스도께서 우리를 위하여 죽으심으로 하나님께서 우리에 대한 자기의 사랑을 확증하셨느니라

로마서 5:8

영원토록 지존하신 분

여호와여 주는 영원토록 지존하시니이다 시편 92:8

광대하신 분

여호와여 위대하심과 권능과 영광과 승리와 위엄이 다 주께 속하였사오니 천지에 있는 것이 다 주의 것이로소이다 여호와여 주권도 주께 속하였사오니 주는 높으사 만물의 머리이심이니이다   역대상 29:11

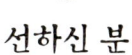

선하신 분

너희는 이 세대를 본받지 말고 오직 마음을 새롭게 함으로 변화를 받아 하나님의 선하시고 기뻐하시고 온전하신 뜻이 무엇인지 분별하도록 하라   로마서 12:2

의로우신 분

주여 누가 주의 이름을 두려워하지 아니하며 영화롭게 하지 아니하오리이까 오직 주만 거룩하시니이다 주의 의로우신 일이 나타났으매 만국이 와서 주께 경배하리이다 하더라
요한계시록 15:4

자비하신 분

나는 자비를 원하고 제사를 원하지 아니하노라 하신 뜻을 너희가 알았더라면 무죄한 자를 정죄하지 아니하였으리라

마태복음 12:7

공의로우시고 정직하신 분

그는 반석이시니 그가 하신 일이 완전하고 그의 모든 길이 정의롭고 진실하고 거짓이 없으신 하나님이시니 공의로우시고 바르시도다 신명기 32:4

인류의 모든 것을 주목하시는 분

5월 May

주는 책략에 크시며 하시는 일에 능하시며 인류의 모든 길을 주목하시며 그의 길과 그의 행위의 열매대로 보응하시나이다
예레미야 32:19

16
진실하신 분

우리에게 향하신 여호와의 인자하심이 크시고 여호와의
진실하심이 영원함이로다 할렐루야   시편 117:2

후회하지 않으시는 분

하나님은 사람이 아니시니 거짓말을 하지 않으시고 인생이 아니시니 후회가 없으시도다……　　민수기 23:19

18
말씀하신 바를 실행하시는 분

……어찌 그 말씀하신 바를 행하지 않으시며 하신 말씀을 실행하지 않으시랴 민수기 23:19

약속을 이루시는 분

그러나 성경이 모든 것을 죄 아래에 가두었으니 이는 예수 그리스도를 믿음으로 말미암는 약속을 믿는 자들에게 주려 함이라 갈라디아서 3:22

20
속히 오실 분

보라 내가 속히 오리니 이 두루마리의 예언의 말씀을 지키는 자는 복이 있으리라 하더라 요한계시록 22:7

21
다윗의 뿌리

나 예수는 교회들을 위하여 내 사자를 보내어 이것들을 너희에게 증언하게 하였노라 나는 다윗의 뿌리요 자손이니 곧 광명한 새벽 별이라 하시더라   요한계시록 22:16

구원하시기도 멸하시기도 하시는 분

입법자와 재판관은 오직 한 분이시니 능히 구원하기도 하시며 멸하기도 하시느니라 너는 누구이기에 이웃을 판단하느냐

야고보서 4:12

선악 간에 심판하시는 분

하나님은 모든 행위와 모든 은밀한 일을 선악 간에 심판하시리라 전도서 12:14

24
심장을 살피시는 분

나 여호와는 심장을 살피며 폐부를 시험하고 각각 그의 행위와 그의 행실대로 보응하나니 예레미야 17:10

25
보응하시는 분

하나님께서 각 사람에게 그 행한 대로 보응하시되 참고 선을 행하여 영광과 존귀와 썩지 아니함을 구하는 자에게는 영생으로 하시고　　　　　　　　로마서 2:6-7

보배로운 산 돌

사람에게는 버린 바가 되었으나 하나님께는 택하심을 입은 보배로운 산 돌이신 예수께 나아가   베드로전서 2:4

심판 날에 심문하시는 분

5월 May

내가 너희에게 이르노니 사람이 무슨 무익한 말을 하든지 심판 날에 이에 대하여 심문을 받으리니   마태복음 12:36

나의 길과 눕는 것을 감찰하시는 분

나의 모든 길과 내가 눕는 것을 살펴 보셨으므로 나의 모든 행위를 익히 아시오니 시편 139:3

온 천하를 살피시는 분

하나님이 그 길을 아시며 있는 곳을 아시나니 이는 그가 땅 끝까지 감찰하시며 온 천하를 살피시며 바람의 무게를 정하시며 물의 분량을 정하시며 비 내리는 법칙을 정하시고 비구름의 길과 우레의 법칙을 만드셨음이라

욥기 28:23-26

30
환난 중에 건지시는 분

환난 날에 나를 부르라 내가 너를 건지리니 네가 나를 영화롭게 하리로다

시편 50:15

정직을 기뻐하시는 분

5월 May

만일 네 입술이 정직을 말하면 내 속이 유쾌하리라

잠언 23:16

1
심령을 감찰하시는 분

사람의 행위가 자기 보기에는 모두 깨끗하여도 여호와는 심령을 감찰하시느니라   잠언 16:2

② 어두움이 조금도 없으신 분

6월 June

우리가 그에게서 듣고 너희에게 전하는 소식은 이것이니 곧 하나님은 빛이시라 그에게는 어둠이 조금도 없으시다는 것이니라   요한일서 1:5

3
천 대까지 은혜를 베푸시는 분

그런즉 너는 알라 오직 네 하나님 여호와는 하나님이시요 신실하신 하나님이시라 그를 사랑하고 그의 계명을 지키는 자에게는 천 대까지 그의 언약을 이행하시며 인애를 베푸시되

신명기 7:9

4
광명한 새벽 별

6월 June

나 예수는 교회들을 위하여 내 사자를 보내어 이것들을 너희에게 증언하게 하였노라 나는 다윗의 뿌리요 자손이니 곧 광명한 새벽 별이라 하시더라 요한계시록 22:16

5
영광과 존귀와 권능을
받으시는 것이 합당하신 분

우리 주 하나님이여 영광과 존귀와 권능을 받으시는 것이 합당하오니 주께서 만물을 지으신지라 만물이 주의 뜻대로 있었고 또 지으심을 받았나이다 하더라

요한계시록 4:11

산 소망을 주시는 분

6월 June

우리 주 예수 그리스도의 아버지 하나님을 찬송하리로다 그의 많으신 긍휼대로 예수 그리스도를 죽은 자 가운데서 부활하게 하심으로 말미암아 우리를 거듭나게 하사 산 소망이 있게 하시며
베드로전서 1:3

허물로 죽은 우리를 살리신 분

허물로 죽은 우리를 그리스도와 함께 살리셨고(너희는 은혜로 구원을 받은 것이라) 에베소서 2:5

선물로 오신 분

6월 June

너희는 그 은혜에 의하여 믿음으로 말미암아 구원을 받았으니 이것은 너희에게서 난 것이 아니요 하나님의 선물이라

에베소서 2:8

9
성경의 주체가 되시는 분

너희가 성경에서 영생을 얻는 줄 생각하고 성경을 연구하거니와 이 성경이 곧 내게 대하여 증언하는 것이니라

요한복음 5:39

구유에 누이신 아기

너희가 가서 강보에 싸여 구유에 뉘어 있는 아기를 보리니 이것이 너희에게 표적이니라 하더니 누가복음 2:12

우리의 슬픔을 당하신 분

그는 실로 우리의 질고를 지고 우리의 슬픔을 당하였거늘 우리는 생각하기를 그는 징벌을 받아 하나님께 맞으며 고난을 당한다 하였노라

이사야 53:4

살아 계신 하나님의 아들

시몬 베드로가 대답하여 이르되 주는 그리스도시요 살아 계신 하나님의 아들이시니이다   마태복음 16:16

하나님이 기뻐하시는 자

지극히 큰 영광 중에서 이러한 소리가 그에게 나기를 이는 내 사랑하는 아들이요 내 기뻐하는 자라 하실 때에 그가 하나님 아버지께 존귀와 영광을 받으셨느니라

베드로후서 1:17

14
우리의 연약함을 도우시는 분

이와 같이 성령도 우리의 연약함을 도우시나니 우리는 마땅히 기도할 바를 알지 못하나 오직 성령이 말할 수 없는 탄식으로 우리를 위하여 친히 간구하시느니라

로마서 8:26

⑮ 지혜와 총명의 신

이새의 줄기에서 한 싹이 나며 그 뿌리에서 한 가지가 나서 결실할 것이요 그의 위에 여호와의 영 곧 지혜와 총명의 영이요 모략과 재능의 영이요 지식과 여호와를 경외하는 영이 강림하시리니   이사야 11:1-2

죄와 사망의 법에서 우리를 해방시키신 분

6월 June

이는 그리스도 예수 안에 있는 생명의 성령의 법이 죄와 사망의 법에서 너를 해방하였음이라   로마서 8:2

17
우리 가운데 계시는 분

시온의 딸아 노래할지어다 이스라엘아 기쁘게 부를지어다 예루살렘 딸아 전심으로 기뻐하며 즐거워할지어다 여호와가 네 형벌을 제거하였고 네 원수를 쫓아냈으며 이스라엘 왕 여호와가 네 가운데 계시니 네가 다시는 화를 당할까 두려워하지 아니할 것이라   스바냐 3:14-15

상 주시는 분

6월 June

보라 내가 속히 오리니 내가 줄 상이 내게 있어 각 사람에게 그가 행한 대로 갚아 주리라   요한계시록 22:12

흠이 없으신 분

하물며 영원하신 성령으로 말미암아 흠 없는 자기를 하나님께 드린 그리스도의 피가 어찌 너희 양심을 죽은 행실에서 깨끗하게 하고 살아 계신 하나님을 섬기게 하지 못하겠느냐

히브리서 9:14

구제하는 자에게
윤택한 축복을 주시는 분

흩어 구제하여도 더욱 부하게 되는 일이 있나니 과도히 아껴도 가난하게 될 뿐이니라 구제를 좋아하는 자는 풍족하여질 것이요 남을 윤택하게 하는 자는 자기도 윤택하여지리라
잠언 11:24-25

21
주

그러므로 내가 너희에게 알리노니 하나님의 영으로 말하는 자는 누구든지 예수를 저주할 자라 하지 아니하고 또 성령으로 아니하고는 누구든지 예수를 주시라 할 수 없느니라
고린도전서 12:3

하나님의 아들로 인정받으신 분

성결의 영으로는 죽은 자들 가운데서 부활하사 능력으로 하나님의 아들로 선포되셨으니 곧 우리 주 예수 그리스도시니라   로마서 1:4

23

모든 것을 통달하시는 분

오직 하나님이 성령으로 이것을 우리에게 보이셨으니 성령은 모든 것 곧 하나님의 깊은 것까지도 통달하시느니라

고린도전서 2:10

24
성령으로 세례를 주시는 분

나도 그를 알지 못하였으나 나를 보내어 물로 세례를 베풀라 하신 그이가 나에게 말씀하시되 성령이 내려서 누구 위에든지 머무는 것을 보거든 그가 곧 성령으로 세례를 베푸는 이인 줄 알라 하셨기에   요한복음 1:33

25
쉼을 주시는 분

수고하고 무거운 짐 진 자들아 다 내게로 오라 내가 너희를 쉬게 하리라   마태복음 11:28

등불

6월 June

다시 밤이 없겠고 등불과 햇빛이 쓸 데 없으니 이는 주 하나님이 그들에게 비치심이라 그들이 세세토록 왕 노릇 하리로다
요한계시록 22:5

생각이 높으신 분

이는 하늘이 땅보다 높음 같이 내 길은 너희의 길보다 높으며 내 생각은 너희의 생각보다 높음이니라 이사야 55:9

듣는 귀와 보는 눈을 지으신 분

6월 June

듣는 귀와 보는 눈은 다 여호와께서 지으신 것이니라

잠언 20:12

29
우리와 함께 계시는 분

보라 처녀가 잉태하여 아들을 낳을 것이요 그의 이름은 임마누엘이라 하리라 하셨으니 이를 번역한즉 하나님이 우리와 함께 계시다 함이라 마태복음 1:23

걸음을 가르치고 팔로 안으시는 분

······내가 에브라임에게 걸음을 가르치고 내 팔로 안았음에도 내가 그들을 고치는 줄을 그들은 알지 못하였도다

호세아 11:3

1
하나님이 택하신 종

이는 선지자 이사야를 통하여 말씀하신 바 보라 내가 택한 종 곧 내 마음에 기뻐하는 바 내가 사랑하는 자로다 내가 내 영을 그에게 줄 터이니 그가 심판을 이방에 알게 하리라

마태복음 12:17-18

능치 못할 일이 없으신 분

예수께서 이르시되 할 수 있거든이 무슨 말이냐 믿는 자에게는 능히 하지 못할 일이 없느니라 하시니

마가복음 9:23

3
거룩한 성의 주인

만일 누구든지 이 두루마리의 예언의 말씀에서 제하여 버리면 하나님이 이 두루마리에 기록된 생명나무와 및 거룩한 성에 참여함을 제하여 버리시리라 요한계시록 22:19

④
우리의 마음과 생각을 지키시는 분

그리하면 모든 지각에 뛰어난 하나님의 평강이 그리스도 예수 안에서 너희 마음과 생각을 지키시리라

빌립보서 4:7

7월 July

5
위로자

찬송하리로다 그는 우리 주 예수 그리스도의 하나님이시요 자비의 아버지시요 모든 위로의 하나님이시며 우리의 모든 환난 중에서 우리를 위로하사 우리로 하여금 하나님께 받는 위로로써 모든 환난 중에 있는 자들을 능히 위로하게 하시는 이시로다   고린도후서 1:3-4

6
하나님의 자녀가 되는 권세를 주시는 분

7월 July

영접하는 자 곧 그 이름을 믿는 자들에게는 하나님의 자녀가 되는 권세를 주셨으니 요한복음 1:12

⑦ 의인의 길을 인정하시는 분

무릇 의인들의 길은 여호와께서 인정하시나 악인들의 길은 망하리로다
시편 1:6

지혜가 부족한 자에게 지혜를 후히 주시는 분

너희 중에 누구든지 지혜가 부족하거든 모든 사람에게 후히 주시고 꾸짖지 아니하시는 하나님께 구하라 그리하면 주시리라
야고보서 1:5

⑨ 자유를 주시는 분

그리스도께서 우리를 자유롭게 하려고 자유를 주셨으니
그러므로 굳건하게 서서 다시는 종의 멍에를 메지 말라

갈라디아서 5:1

생명의 떡

7월 July

예수께서 이르시되 나는 생명의 떡이니 내게 오는 자는 결코 주리지 아니할 터이요 나를 믿는 자는 영원히 목마르지 아니하리라   요한복음 6:35

의와 평강과 희락을 주시는 분

하나님의 나라는 먹는 것과 마시는 것이 아니요 오직 성령 안에 있는 의와 평강과 희락이라   로마서 14:17

복을 주관하시는 분

네가 네 하나님 여호와의 말씀을 삼가 듣고 내가 오늘 네게 명령하는 그의 모든 명령을 지켜 행하면 네 하나님 여호와께서 너를 세계 모든 민족 위에 뛰어나게 하실 것이라 네가 네 하나님 여호와의 말씀을 청종하면 이 모든 복이 네게 임하며 네게 이르리니 신명기 28:1-2

13
어린 아이를 사랑하시는 분

그들에게 이르시되 누구든지 내 이름으로 이런 어린 아이를 영접하면 곧 나를 영접함이요 또 누구든지 나를 영접하면 곧 나를 보내신 이를 영접함이라 너희 모든 사람 중에 가장 작은 그가 큰 자니라

누가복음 9:48

사랑하는 자들을 위해
모든 것을 예비하신 분

기록된 바 하나님이 자기를 사랑하는 자들을 위하여 예비하신 모든 것은 눈으로 보지 못하고 귀로 듣지 못하고 사람의 마음으로 생각하지도 못하였다 함과 같으니라

고린도전서 2:9

⑮ 구하는 자에게 성령을 주시는 분

너희가 악할지라도 좋은 것을 자식에게 줄 줄 알거든 하물며 너희 하늘 아버지께서 구하는 자에게 성령을 주시지 않겠느냐 하시니라 　　　　　　　　누가복음 11:13

지극히 높으신 이의 아들

그가 큰 자가 되고 지극히 높으신 이의 아들이라 일컬어
질 것이요 주 하나님께서 그 조상 다윗의 왕위를 그에게
주시리니 누가복음 1:32

문 밖에서 두드리는 분

볼지어다 내가 문 밖에 서서 두드리노니 누구든지 내 음성을 듣고 문을 열면 내가 그에게로 들어가 그와 더불어 먹고 그는 나와 더불어 먹으리라　　요한계시록 3:20

거짓이나 변개함이 없으신 분

이스라엘의 지존자는 거짓이나 변개함이 없으시니 그는 사람이 아니시므로 결코 변개하지 않으심이니이다 하니

사무엘상 15:29

구하는 것을 주시는 분

그 날에는 너희가 아무 것도 내게 묻지 아니하리라 내가 진실로 진실로 너희에게 이르노니 너희가 무엇이든지 아버지께 구하는 것을 내 이름으로 주시리라

요한복음 16:23

믿음 있는 자 되기를 원하시는 분

도마에게 이르시되 네 손가락을 이리 내밀어 내 손을 보고 내 손을 내밀어 내 옆구리에 넣어 보라 그리하여 믿음 없는 자가 되지 말고 믿는 자가 되라   요한복음 20:27

강림하실 분

주께서 호령과 천사장의 소리와 하나님의 나팔 소리로 친히 하늘로부터 강림하시리니 그리스도 안에서 죽은 자들이 먼저 일어나고   데살로니가전서 4:16

영혼이 잘됨 같이
범사가 잘되기를 원하시는 분

사랑하는 자여 네 영혼이 잘됨 같이 네가 범사에 잘되고
강건하기를 내가 간구하노라   요한삼서 1:2

새 언약을 세우신 분

저녁 먹은 후에 잔도 그와 같이 하여 이르시되 이 잔은 내 피로 세우는 새 언약이니 곧 너희를 위하여 붓는 것이라

누가복음 22:20

평강을 주시는 분

……너희에게 평강이 있을지어다 이 말씀을 하시고 손과
옆구리를 보이시니 제자들이 주를 보고 기뻐하더라

요한복음 20:19-20

좋은 씨를 뿌리시는 이

대답하여 이르시되 좋은 씨를 뿌리는 이는 인자요 밭은 세상이요 좋은 씨는 천국의 아들들이요 가라지는 악한 자의 아들들이요 가라지를 뿌린 원수는 마귀요 추수 때는 세상 끝이요 추수꾼은 천사들이니 마태복음 13:37-39

순종을 모범으로 보이신 분

그런즉 한 범죄로 많은 사람이 정죄에 이른 것 같이 한 의로운 행위로 말미암아 많은 사람이 의롭다 하심을 받아 생명에 이르렀느니라 한 사람이 순종하지 아니함으로 많은 사람이 죄인 된 것 같이 한 사람이 순종하심으로 많은 사람이 의인이 되리라   로마서 5:18-19

영광의 보좌에 앉으신 분

인자가 자기 영광으로 모든 천사와 함께 올 때에 자기 영광의 보좌에 앉으리니 마태복음 25:31

28
빛 가운데 계신 분

그가 빛 가운데 계신 것 같이 우리도 빛 가운데 행하면 우리가 서로 사귐이 있고 그 아들 예수의 피가 우리를 모든 죄에서 깨끗하게 하실 것이요   요한일서 1:7

29
구름을 타고 능력과 큰 영광으로 오실 분

그 때에 인자의 징조가 하늘에서 보이겠고 그 때에 땅의 모든 족속들이 통곡하며 그들이 인자가 구름을 타고 능력과 큰 영광으로 오는 것을 보리라 마태복음 24:30

30

우리의 죄를 자백할 때
용서해 주시는 분

만일 우리가 우리 죄를 자백하면 그는 미쁘시고 의로우사 우리 죄를 사하시며 우리를 모든 불의에서 깨끗하게 하실 것이요

요한일서 1:9

31
예비된 나라를 상속하여 주실 분

그 때에 임금이 그 오른편에 있는 자들에게 이르시되 내 아버지께 복 받을 자들이여 나아와 창세로부터 너희를 위하여 예비된 나라를 상속받으라 마태복음 25:34

1
아버지의 영광으로 천사들과 함께 오실 분

인자가 아버지의 영광으로 그 천사들과 함께 오리니 그 때에 각 사람이 행한 대로 갚으리라 마태복음 16:27

2
세상 죄를 지고 가는 하나님의 어린 양

이튿날 요한이 예수께서 자기에게 나아오심을 보고 이르되 보라 세상 죄를 지고 가는 하나님의 어린 양이로다

요한복음 1:29

3
충성된 증인

또 충성된 증인으로 죽은 자들 가운데에서 먼저 나시고 땅의 임금들의 머리가 되신 예수 그리스도로 말미암아 은혜와 평강이 너희에게 있기를 원하노라……

요한계시록 1:5

4

우리를 죄에서 해방시킨 자

우리를 사랑하사 그의 피로 우리 죄에서 우리를 해방하시고
            요한계시록 1:5

5

산 자의 하나님

하나님은 죽은 자의 하나님이 아니요 살아 있는 자의 하나님이시라 하나님에게는 모든 사람이 살았느니라 하시니

누가복음 20:38

8월 August

6

부활하신 후 사십 일 동안
저희에게 보이신 분

그가 고난 받으신 후에 또한 그들에게 확실한 많은 증거로 친히 살아 계심을 나타내사 사십 일 동안 그들에게 보이시며 하나님 나라의 일을 말씀하시니라   사도행전 1:3

한 몸으로 하나님과
화목하게 하신 분

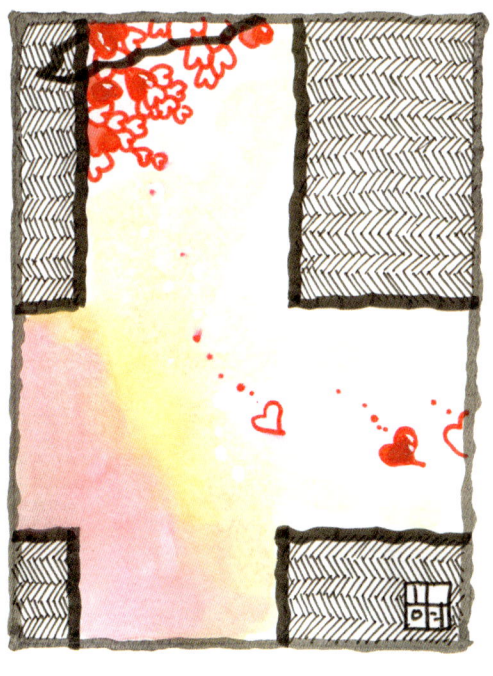

또 십자가로 이 둘을 한 몸으로 하나님과 화목하게 하려 하심이라 원수 된 것을 십자가로 소멸하시고

에베소서 2:16

8
하늘로 올라가신 그대로 다시 오실 분

이르되 갈릴리 사람들아 어찌하여 서서 하늘을 쳐다보느냐 너희 가운데서 하늘로 올려지신 이 예수는 하늘로 가심을 본 그대로 오시리라 하였느니라   사도행전 1:11

원수를 십자가에서 소멸하신 분

또 십자가로 이 둘을 한 몸으로 하나님과 화목하게 하려 하심이라 원수 된 것을 십자가로 소멸하시고

에베소서 2:16

⑩ 말씀하시던 대로 살아나신 분

그가 여기 계시지 않고 그가 말씀하시던 대로 살아나셨느니라 와서 그가 누우셨던 곳을 보라　　　마태복음 28:6

11
화평을 주신 분

그의 십자가의 피로 화평을 이루사 만물 곧 땅에 있는 것들이나 하늘에 있는 것들이 그로 말미암아 자기와 화목하게 되기를 기뻐하심이라   골로새서 1:20

말씀

태초에 말씀이 계시니라 이 말씀이 하나님과 함께 계셨으니 이 말씀은 곧 하나님이시니라   요한복음 1:1

13
약속된 성령을 우리게 부어 주실 분

하나님이 오른손으로 예수를 높이시매 그가 약속하신 성령을 아버지께 받아서 너희가 보고 듣는 이것을 부어 주셨느니라   사도행전 2:33

14

백마를 탄 자

또 내가 하늘이 열린 것을 보니 보라 백마와 그것을 탄 자가 있으니 그 이름은 충신과 진실이라 그가 공의로 심판하며 싸우더라   요한계시록 19:11

15

피 뿌린 옷을 입으신 분

또 그가 피 뿌린 옷을 입었는데 그 이름은 하나님의 말씀이라 칭하더라 요한계시록 19:13

16
철장으로 만국을 다스리실 분

그의 입에서 예리한 검이 나오니 그것으로 만국을 치겠고 친히 그들을 철장으로 다스리며 또 친히 하나님 곧 전능하신 이의 맹렬한 진노의 포도주 틀을 밟겠고

요한계시록 19:15

홀로 하나이신 분

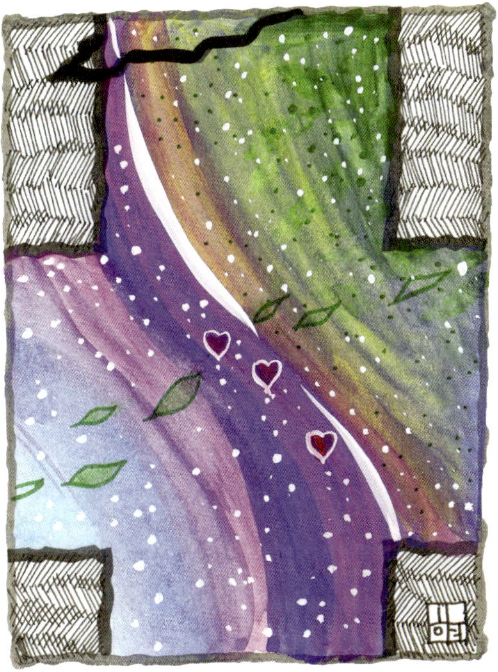

곧 우리 구주 홀로 하나이신 하나님께 우리 주 예수 그리스도로 말미암아 영광과 위엄과 권력과 권세가 영원 전부터 이제와 영원토록 있을지어다 아멘 유다서 1:25

18

천사들을 보내시는 분

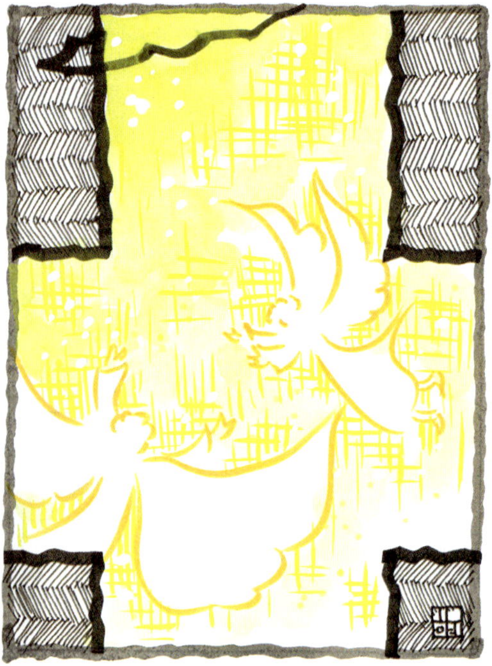

인자가 그 천사들을 보내리니 그들이 그 나라에서 모든 넘어지게 하는 것과 또 불법을 행하는 자들을 거두어 내어

마태복음 13:41

19
만물을 새롭게 하실 분

보좌에 앉으신 이가 이르시되 보라 내가 만물을 새롭게 하노라 하시고 또 이르시되 이 말은 신실하고 참되니 기록하라 하시고
　　　　　　　　　　　　　　　　요한계시록 21:5

세세토록 왕 노릇 하실 분

다시 밤이 없겠고 등불과 햇빛이 쓸 데 없으니 이는 주 하나님이 그들에게 비치심이라 그들이 세세토록 왕 노릇 하리로다

요한계시록 22:5

21
모든 눈물을 우리 눈에서 씻겨 주실 분

이는 보좌 가운데에 계신 어린 양이 그들의 목자가 되사 생명수 샘으로 인도하시고 하나님께서 그들의 눈에서 모든 눈물을 씻어 주실 것임이라   요한계시록 7:17

22
자신의 영을 모든 육체에게 부어 주실 분

하나님이 말씀하시기를 말세에 내가 내 영을 모든 육체
에 부어 주리니 너희의 자녀들은 예언할 것이요 너희의
젊은이들은 환상을 보고 너희의 늙은이들은 꿈을 꾸리라

사도행전 2:17

의의 면류관을 예비하시는 분

이제 후로는 나를 위하여 의의 면류관이 예비되었으므로
주 곧 의로우신 재판장이 그 날에 내게 주실 것이며 내게
만 아니라 주의 나타나심을 사모하는 모든 자에게도니라
디모데후서 4:8

24
감추었던 만나를 주실 분

귀 있는 자는 성령이 교회들에게 하시는 말씀을 들을지어다 이기는 그에게는 내가 감추었던 만나를 주고 또 흰 돌을 줄 터인데 그 돌 위에 새 이름을 기록한 것이 있나니 받는 자 밖에는 그 이름을 알 사람이 없느니라

요한계시록 2:17

이기는 자에게 흰 옷을 입혀 주실 분

이기는 자는 이와 같이 흰 옷을 입을 것이요 내가 그 이름을 생명책에서 결코 지우지 아니하고 그 이름을 내 아버지 앞과 그의 천사들 앞에서 시인하리라

요한계시록 3:5

26

하나님의 성전에 기둥이 되게 하시는 분

이기는 자는 내 하나님 성전에 기둥이 되게 하리니 그가 결코 다시 나가지 아니하리라 내가 하나님의 이름과 하나님의 성 곧 하늘에서 내 하나님께로부터 내려오는 새 예루살렘의 이름과 나의 새 이름을 그이 위에 기록하리라

요한계시록 3:12

이기는 자를 보좌에 함께 앉혀 주실 분

이기는 그에게는 내가 내 보좌에 함께 앉게 하여 주기를
내가 이기고 아버지 보좌에 함께 앉은 것과 같이 하리라

요한계시록 3:21

어린 아이들에게 나타내시는 분

그 때에 예수께서 성령으로 기뻐하시며 이르시되 천지의 주재이신 아버지여 이것을 지혜롭고 슬기 있는 자들에게는 숨기시고 어린 아이들에게는 나타내심을 감사하나이다 옳소이다 이렇게 된 것이 아버지의 뜻이니이다

누가복음 10:21

아버지의 뜻대로 행하는 자에게 천국 문을 열어 놓으신 분

나더러 주여 주여 하는 자마다 다 천국에 들어갈 것이 아니요 다만 하늘에 계신 내 아버지의 뜻대로 행하는 자라야 들어가리라
마태복음 7:21

참 하나님

……우리가 참된 자 곧 그의 아들 예수 그리스도 안에 있는 것이니 그는 참 하나님이시요 영생이시라

요한일서 5:20

31
순종을 기뻐하시는 분

사무엘이 이르되 여호와께서 번제와 다른 제사를 그의 목소리를 청종하는 것을 좋아하심 같이 좋아하시겠나이까 순종이 제사보다 낫고 듣는 것이 숫양의 기름보다 나으니

사무엘상 15:22

1
에덴 동산을 창설하신 분

여호와 하나님이 그 사람을 이끌어 에덴 동산에 두어 그것을 경작하며 지키게 하시고 창세기 2:15

근심하는 것을 원치 않으시는 분

9월 September

너희는 마음에 근심하지 말라 하나님을 믿으니 또 나를 믿으라
요한복음 14:1

3
영원히 목마르지 않는 물을 주시는 분

내가 주는 물을 마시는 자는 영원히 목마르지 아니하리니 내가 주는 물은 그 속에서 영생하도록 솟아나는 샘물이 되리라

요한복음 4:14

구원의 문

9월 September

내가 문이니 누구든지 나로 말미암아 들어가면 구원을 받고 또는 들어가며 나오며 꼴을 얻으리라

요한복음 10:9

신랑

신부를 취하는 자는 신랑이나 서서 신랑의 음성을 듣는 친구가 크게 기뻐하나니 나는 이러한 기쁨으로 충만하였노라 그는 흥하여야 하겠고 나는 쇠하여야 하리라 하니라

요한복음 3:29-30

크고 비밀한 일을 보이시는 분

너는 내게 부르짖으라 내가 네게 응답하겠고 네가 알지 못하는 크고 은밀한 일을 네게 보이리라

예레미야 33:3

재물 얻을 능력을 주시는 분

네 하나님 여호와를 기억하라 그가 네게 재물 얻을 능력을 주셨음이라 이같이 하심은 네 조상들에게 맹세하신 언약을 오늘과 같이 이루려 하심이니라 신명기 8:18

모세보다 위대하신 분

9월 September

그는 자기를 세우신 이에게 신실하시기를 모세가 하나님의 온 집에서 한 것과 같이 하셨으니 그는 모세보다 더욱 영광을 받을 만한 것이 마치 집 지은 자가 그 집보다 더욱 존귀함 같으니라

히브리서 3:2-3

9

기도를 선물로 주신 분

이르시되 기도 외에 다른 것으로는 이런 종류가 나갈 수 없느니라 하시니라 마가복음 9:29

모든 쓸 것을 채우시는 분

9월 September

나의 하나님이 그리스도 예수 안에서 영광 가운데 그 풍성한 대로 너희 모든 쓸 것을 채우시리라

빌립보서 4:19

11
값으로 우리를 사신 분

값으로 산 것이 되었으니 그런즉 너희 몸으로 하나님께 영광을 돌리라   고린도전서 6:20

12
우리를 위해 돕는 배필을 지어 주신 분

9월 September

……사람이 혼자 사는 것이 좋지 아니하니 내가 그를 위하여 돕는 배필을 지으리라 하시니라   창세기 2:18

13
심한 통곡과 눈물로 간구하신 분

그는 육체에 계실 때에 자기를 죽음에서 능히 구원하실 이에게 심한 통곡과 눈물로 간구와 소원을 올렸고 그의 경건하심으로 말미암아 들으심을 얻었느니라

히브리서 5:7

우리 죄를 다시 기억하지 않으시는 분

9월 September

내가 그들의 불의를 긍휼히 여기고 그들의 죄를 다시 기억하지 아니하리라 하셨느니라   히브리서 8:12

비판하거나 정죄하기를
원치 않으시는 분

비판하지 말라 그리하면 너희가 비판을 받지 않을 것이요
정죄하지 말라 그리하면 너희가 정죄를 받지 않을 것이요
용서하라 그리하면 너희가 용서를 받을 것이요

누가복음 6:37

하나님의 사랑을
우리 마음에 부어 주시는 분

9월 September

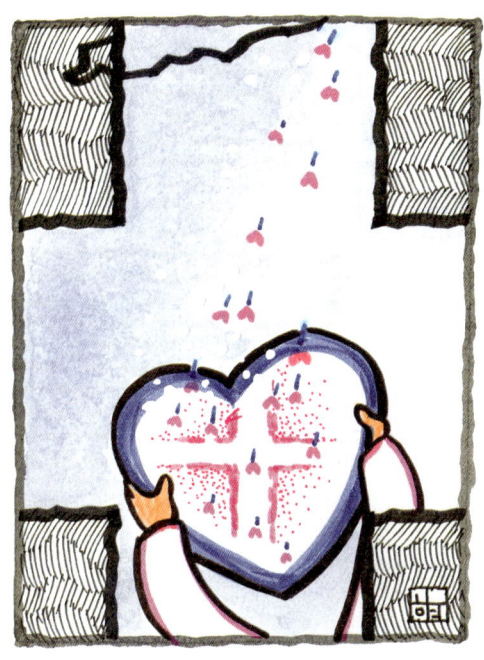

소망이 우리를 부끄럽게 하지 아니함은 우리에게 주신 성령으로 말미암아 하나님의 사랑이 우리 마음에 부은 바 됨이니 우리가 아직 연약할 때에 기약대로 그리스도께서 경건하지 않은 자를 위하여 죽으셨도다   로마서 5:5-6

녁녁히 이길 힘을 주시는 분

기록된 바 우리가 종일 주를 위하여 죽임을 당하게 되며 도살 당할 양 같이 여김을 받았나이다 함과 같으니라 그러나 이 모든 일에 우리를 사랑하시는 이로 말미암아 우리가 넉넉히 이기느니라
로마서 8:36-37

우리 터를 견고히 하시는 분

9월 September

우리가 이 소망을 가지고 있는 것은 영혼의 닻 같아서 튼튼하고 견고하여 휘장 안에 들어가나니　　히브리서 6:19

끝까지 사랑하시는 분

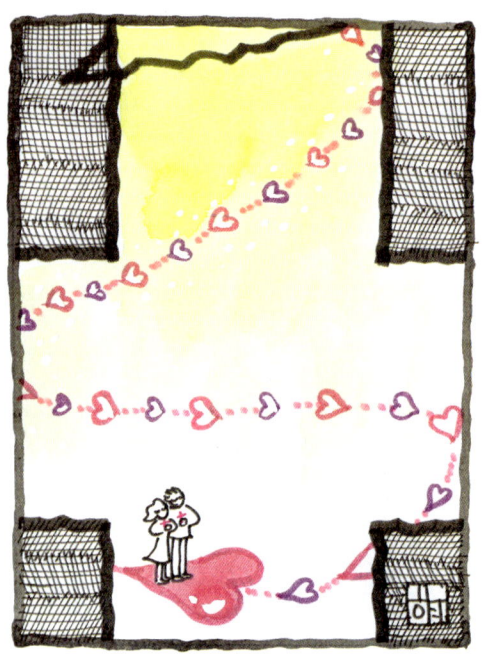

유월절 전에 예수께서 자기가 세상을 떠나 아버지께로 돌아가실 때가 이른 줄 아시고 세상에 있는 자기 사람들을 사랑하시되 끝까지 사랑하시니라   요한복음 13:1

맏아들

하나님이 미리 아신 자들을 또한 그 아들의 형상을 본받게 하기 위하여 미리 정하셨으니 이는 그로 많은 형제 중에서 맏아들이 되게 하려 하심이니라   로마서 8:29

마음의 소원을 이루어 주시는 분

또 여호와를 기뻐하라 그가 네 마음의 소원을 네게 이루어 주시리로다   시편 37:4

두 번째 나타나실 분

이와 같이 그리스도도 많은 사람의 죄를 담당하시려고 단번에 드리신 바 되셨고 구원에 이르게 하기 위하여 죄와 상관 없이 자기를 바라는 자들에게 두 번째 나타나시리라
히브리서 9:28

우리에게 거룩함을 얻게 해주신 분

이 뜻을 따라 예수 그리스도의 몸을 단번에 드리심으로 말미암아 우리가 거룩함을 얻었노라   히브리서 10:10

참 보화

9월 September

천국은 마치 밭에 감추인 보화와 같으니 사람이 이를 발견한 후 숨겨 두고 기뻐하며 돌아가서 자기의 소유를 다 팔아 그 밭을 사느니라   마태복음 13:44

모든 것을 더하시는 분

……너희는 먼저 그의 나라와 그의 의를 구하라 그리하면 이 모든 것을 너희에게 더하시리라 마태복음 6:33

항상 기뻐하기를 원하시는 분

항상 기뻐하라   데살로니가전서 5:16

범사에 감사하기를 원하시는 분

범사에 감사하라 이것이 그리스도 예수 안에서 너희를 향하신 하나님의 뜻이니라　　　　데살로니가전서 5:18

쉬지 말고 기도하기를 원하시는 분

쉬지 말고 기도하라   데살로니가전서 5:17

걸음을 인도하시는 분

사람이 마음으로 자기의 길을 계획할지라도 그의 걸음을 인도하시는 이는 여호와시니라　　　　　잠언 16:9

눈물을 흘리신 분

9월 September

예수께서 눈물을 흘리시더라 요한복음 11:35

1
두려워하는 자를 심판하시는 분

그러나 두려워하는 자들과 믿지 아니하는 자들과 흉악한 자들과 살인자들과 음행하는 자들과 점술가들과 우상 숭배자들과 거짓말하는 모든 자들은 불과 유황으로 타는 못에 던져지리니 이것이 둘째 사망이라   요한계시록 21:8

생명과 복과 화를
우리 앞에 놓으신 분

10월 October

보라 내가 오늘 생명과 복과 사망과 화를 네 앞에 두었나니 곧 내가 오늘 네게 명령하여 네 하나님 여호와를 사랑하고 그 모든 길로 행하며 그의 명령과 규례와 법도를 지키라 하는 것이라 그리하면 네가 생존하며 번성할 것이요 또 네 하나님 여호와께서 네가 가서 차지할 땅에서 네게 복을 주실 것임이니라   신명기 30:15-16

3

신령과 진정으로 예배하는 자를
찾으시는 분

아버지께 참되게 예배하는 자들은 영과 진리로 예배할 때가 오나니 곧 이 때라 아버지께서는 자기에게 이렇게 예배하는 자들을 찾으시느니라   요한복음 4:23

④ 이웃을 자신의 몸처럼 사랑하기를 원하시는 분

10월 October

둘째는 이것이니 네 이웃을 네 자신과 같이 사랑하라 하신 것이라 이보다 더 큰 계명이 없느니라

마가복음 12:31

5
심은 대로 거두시는 분

스스로 속이지 말라 하나님은 업신여김을 받지 아니하시나니 사람이 무엇으로 심든지 그대로 거두리라 자기의 육체를 위하여 심는 자는 육체로부터 썩어질 것을 거두고 성령을 위하여 심는 자는 성령으로부터 영생을 거두리라

갈라디아서 6:7-8

심령이 가난한 자에게 복 주시는 분

10월 October

심령이 가난한 자는 복이 있나니 천국이 그들의 것임이요

마태복음 5:3

7
성령의 열매 맺기를 원하시는 분

오직 성령의 열매는 사랑과 희락과 화평과 오래 참음과 자비와 양선과 충성과 온유와 절제니 이같은 것을 금지할 법이 없느니라　　　　　　　　　　갈라디아서 5:22-23

마음이 성결케 되기를 원하시는 분

하나님을 가까이하라 그리하면 너희를 가까이하시리라 죄인들아 손을 깨끗이 하라 두 마음을 품은 자들아 마음을 성결하게 하라 야고보서 4:8

9

겸손한 자를 기뻐하시는 분

나는 마음이 온유하고 겸손하니 나의 멍에를 메고 내게 배우라 그리하면 너희 마음이 쉼을 얻으리니 이는 내 멍에는 쉽고 내 짐은 가벼움이라 하시니라

마태복음 11:29-30

모든 육체에게 식물을 주신 분

모든 육체에게 먹을 것을 주신 이에게 감사하라 그 인자하심이 영원함이로다 시편 136:25

11

긍휼히 여기는 자에게 복 주시는 분

긍휼히 여기는 자는 복이 있나니 그들이 긍휼히 여김을 받을 것임이요 마태복음 5:7

의를 위해 핍박 받는 자를
복 주시는 분

10월 October

의를 위하여 박해를 받은 자는 복이 있나니 천국이 그들의 것임이라 나로 말미암아 너희를 욕하고 박해하고 거짓으로 너희를 거슬러 모든 악한 말을 할 때에는 너희에게 복이 있나니 기뻐하고 즐거워하라 하늘에서 너희의 상이 큼이라 너희 전에 있던 선지자들도 이같이 박해하였느니라

마태복음 5:10-12

13
우리를 항상 도우시는 분

항상 우리를 그리스도 안에서 이기게 하시고 우리로 말미암아 각처에서 그리스도를 아는 냄새를 나타내시는 하나님께 감사하노라 고린도후서 2:14

14
마음이 청결한 자를 찾으시는 분

10월 October

여호와의 산에 오를 자가 누구며 그의 거룩한 곳에 설 자가 누구인가 곧 손이 깨끗하며 마음이 청결하며 뜻을 허탄한 데에 두지 아니하며 거짓 맹세하지 아니하는 자로다
시편 24:3-4

15
부르짖는 자에게 응답하시는 분

너는 내게 부르짖으라 내가 네게 응답하겠고 네가 알지 못하는 크고 은밀한 일을 네게 보이리라   예레미야 33:3

최고로 좋은 것을 주시는 분

10월 October

너희가 악한 자라도 좋은 것으로 자식에게 줄 줄 알거든 하물며 하늘에 계신 너희 아버지께서 구하는 자에게 좋은 것으로 주시지 않겠느냐   마태복음 7:11

졸지도 주무시지도 않으시는 분

이스라엘을 지키시는 이는 졸지도 아니하시고 주무시지도 아니하시리로다 시편 121:4

머리털 하나도 상치 않도록 도우시는 분

또 너희가 내 이름으로 말미암아 모든 사람에게 미움을
받을 것이나 너희 머리털 하나도 상하지 아니하리라

누가복음 21:17-18

깨끗한 그릇을 사용하시는 분

그러므로 누구든지 이런 것에서 자기를 깨끗하게 하면 귀히 쓰는 그릇이 되어 거룩하고 주인의 쓰심에 합당하며 모든 선한 일에 준비함이 되리라   디모데후서 2:21

인내하는 자에게 복 주시는 분

10월 October

보라 인내하는 자를 우리가 복되다 하나니 너희가 욥의 인내를 들었고 주께서 주신 결말을 보았거니와 주는 가장 자비하시고 긍휼히 여기시는 이시니라   야고보서 5:11

21
빛 가운데 행하기를 원하시는 분

그가 빛 가운데 계신 것 같이 우리도 빛 가운데 행하면 우리가 서로 사귐이 있고 그 아들 예수의 피가 우리를 모든 죄에서 깨끗하게 하실 것이요 요한일서 1:7

택하신 자들의 원한을 풀어 주시는 분

10일 October

하물며 하나님께서 그 밤낮 부르짖는 택하신 자들의 원한을 풀어 주지 아니하시겠느냐 그들에게 오래 참으시겠느냐
누가복음 18:7

23

내 혀의 모든 말을 알아 들으시는 분

나의 모든 길과 내가 눕는 것을 살펴 보셨으므로 나의 모든 행위를 익히 아시오니 여호와여 내 혀의 말을 알지 못하시는 것이 하나도 없으시니이다   시편 139:3-4

믿음으로 의롭다 인정하시는 분

10월 October

사람이 의롭게 되는 것은 율법의 행위로 말미암음이 아니요 오직 예수 그리스도를 믿음으로 말미암는 줄 알므로 우리도 그리스도 예수를 믿나니 이는 우리가 율법의 행위로써가 아니고 그리스도를 믿음으로써 의롭다 함을 얻으려 함이라 율법의 행위로써는 의롭다 함을 얻을 육체가 없느니라
갈라디아서 2:16

심령으로 새롭게 되기를 원하시는 분

너희는 유혹의 욕심을 따라 썩어져 가는 구습을 따르는 옛 사람을 벗어 버리고 오직 너희의 심령이 새롭게 되어 하나님을 따라 의와 진리의 거룩함으로 지으심을 받은 새 사람을 입으라 에베소서 4:22-24

다시 회개할 기회를 주지 않으시는 분

10월 October

한 번 빛을 받고 하늘의 은사를 맛보고 성령에 참여한 바 되고 하나님의 선한 말씀과 내세의 능력을 맛보고도 타락한 자들은 다시 새롭게 하여 회개하게 할 수 없나니 이는 그들이 하나님의 아들을 다시 십자가에 못 박아 드러내 놓고 욕되게 함이라   히브리서 6:4-6

27
교회를 영원부터 예정하신 분

이는 이제 교회로 말미암아 하늘에 있는 통치자들과 권세들에게 하나님의 각종 지혜를 알게 하려 하심이니 곧 영원부터 우리 주 그리스도 예수 안에서 예정하신 뜻대로 하신 것이라

에베소서 3:10-11

천 년이 하루 같으신 분

10월 October

사랑하는 자들아 주께는 하루가 천 년 같고 천 년이 하루 같다는 이 한 가지를 잊지 말라 주의 약속은 어떤 이들이 더디다고 생각하는 것 같이 더딘 것이 아니라 오직 주께서는 너희를 대하여 오래 참으사 아무도 멸망하지 아니하고 다 회개하기에 이르기를 원하시느니라

베드로후서 3:8-9

온 천하에
복음이 전파되기를 원하시는 분

너희는 온 천하에 다니며 만민에게 복음을 전파하라

마가복음 16:15

주의 계명을 지키는 자를
사랑으로 품어 주시는 분

10월 October

내가 아버지의 계명을 지켜 그의 사랑 안에 거하는 것 같이 너희도 내 계명을 지키면 내 사랑 안에 거하리라 내가 이것을 너희에게 이름은 내 기쁨이 너희 안에 있어 너희 기쁨을 충만하게 하려 함이라　요한복음 15:10-11

31

자기를 비워
종의 형체를 가지신 분

그는 근본 하나님의 본체시나 하나님과 동등됨을 취할 것으로 여기지 아니하시고 오히려 자기를 비워 종의 형체를 가지사 사람들과 같이 되셨고 사람의 모양으로 나타나사 자기를 낮추시고 죽기까지 복종하셨으니 곧 십자가에 죽으심이라

빌립보서 2:6-8

① 이기는 자에게 생명나무 과실을 먹게 하시는 분

귀 있는 자는 성령이 교회들에게 하시는 말씀을 들을지어다 이기는 그에게는 내가 하나님의 낙원에 있는 생명나무의 열매를 주어 먹게 하리라 요한계시록 2:7

2
중심을 보시는 분

여호와께서 사무엘에게 이르시되 그의 용모와 키를 보지 말라 내가 이미 그를 버렸노라 내가 보는 것은 사람과 같지 아니하니 사람은 외모를 보거니와 나 여호와는 중심을 보느니라 하시더라

사무엘상 16:7

3
온전한 십일조를 원하시는 분

11월 November

만군의 여호와가 이르노라 너희의 온전한 십일조를 창고에 들여 나의 집에 양식이 있게 하고 그것으로 나를 시험하여 내가 하늘 문을 열고 너희에게 복을 쌓을 곳이 없도록 붓지 아니하나 보라 말라기 3:10

④
노를 영원히 품지 않으시는 분

여호와는 긍휼이 많으시고 은혜로우시며 노하기를 더디 하시고 인자하심이 풍부하시도다 자주 경책하지 아니하시며 노를 영원히 품지 아니하시리로다   시편 103:8-9

찬송을 받으시기에 합당하신 분

큰 음성으로 이르되 죽임을 당하신 어린 양은 능력과 부와 지혜와 힘과 존귀와 영광과 찬송을 받으시기에 합당하도다 하더라 요한계시록 5:12

6
공평하신 분

그는 반석이시니 그가 하신 일이 완전하고 그의 모든 길이 정의롭고 진실하고 거짓이 없으신 하나님이시니 공의로우시고 바르시도다

신명기 32:4

홀로 큰 기이한 일들을 행하시는 분

홀로 큰 기이한 일들을 행하시는 이에게 감사하라 그 인자하심이 영원함이로다   시편 136:4

즐겨 예물 드리는 자를
기뻐하시는 분

각각 그 마음에 정한 대로 할 것이요 인색함으로나 억지로 하지 말지니 하나님은 즐겨 내는 자를 사랑하시느니라

고린도후서 9:7

뱀 같이 지혜롭고 비둘기 같이 순결하기를 원하시는 분

11월 November

보라 내가 너희를 보냄이 양을 이리 가운데로 보냄과 같도다 그러므로 너희는 뱀 같이 지혜롭고 비둘기 같이 순결하라
　　　　　　　　　　　　　　　　　　　마태복음 10:16

많은 사람에게
자기 목숨을 대속물로 주신 분

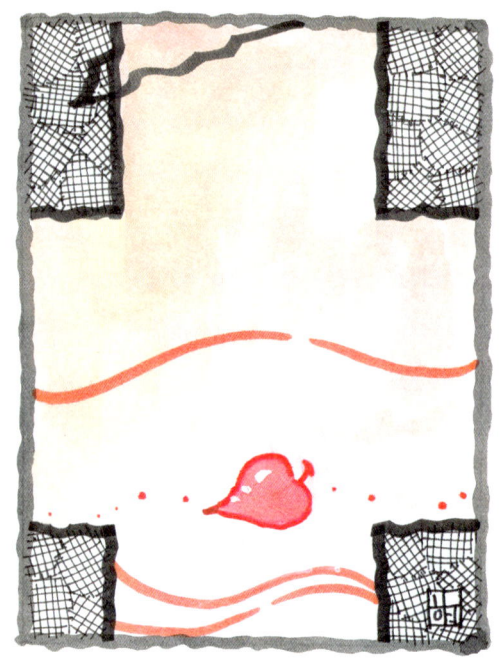

인자가 온 것은 섬김을 받으려 함이 아니라 도리어 섬기려 하고 자기 목숨을 많은 사람의 대속물로 주려 함이니라   마태복음 20:28

차거나 뜨겁기를 원하시는 분

내가 네 행위를 아노니 네가 차지도 아니하고 뜨겁지도 아니하도다 네가 차든지 뜨겁든지 하기를 원하노라

요한계시록 3:15

미지근한 자를 토하여 버리시는 분

네가 이같이 미지근하여 뜨겁지도 아니하고 차지도 아니하니 내 입에서 너를 토하여 버리리라   요한계시록 3:16

마귀를 대적하기를 원하시는 분

그런즉 너희는 하나님께 복종할지어다 마귀를 대적하라
그리하면 너희를 피하리라　　　　　　　야고보서 4:7

14
감당할 시험만 허락하시는 분

사람이 감당할 시험 밖에는 너희가 당한 것이 없나니 오직 하나님은 미쁘사 너희가 감당하지 못할 시험 당함을 허락하지 아니하시고 시험 당할 즈음에 또한 피할 길을 내사 너희로 능히 감당하게 하시느니라

고린도전서 10:13

재물 얻을 능력을 주시는 분

네 하나님 여호와를 기억하라 그가 네게 재물 얻을 능력을 주셨음이라 이같이 하심은 네 조상들에게 맹세하신 언약을 오늘과 같이 이루려 하심이니라 신명기 8:18

16
범사에 모범을 보이신 분

범사에 여러분에게 모본을 보여준 바와 같이 수고하여 약한 사람들을 돕고 또 주 예수께서 친히 말씀하신 바 주는 것이 받는 것보다 복이 있다 하심을 기억하여야 할지니라

사도행전 20:35

어제나 오늘이나
영원토록 동일하신 분

예수 그리스도는 어제나 오늘이나 영원토록 동일하시니라

히브리서 13:8

18
우리의 친구

사람이 친구를 위하여 자기 목숨을 버리면 이보다 더 큰 사랑이 없나니 너희는 내가 명하는 대로 행하면 곧 나의 친구라 이제부터는 너희를 종이라 하지 아니하리니 종은 주인이 하는 것을 알지 못함이라 너희를 친구라 하였노니 내가 내 아버지께 들은 것을 다 너희에게 알게 하였음이라

요한복음 15:13-15

우리의 죄과를 멀리 옮기시는 분

동이 서에서 먼 것 같이 우리의 죄과를 우리에게서 멀리 옮기셨으며

시편 103:12

불쌍히 여기시는 분

아버지가 자식을 긍휼히 여김 같이 여호와께서는 자기를 경외하는 자를 긍휼히 여기시나니 시편 103:13

21
우리가 먼지임을 기억하시는 분

11월 November

이는 그가 우리의 체질을 아시며 우리가 단지 먼지뿐임을 기억하심이로다   시편 103:14

토기장이

이 사람아 네가 누구이기에 감히 하나님께 반문하느냐 지음을 받은 물건이 지은 자에게 어찌 나를 이같이 만들었느냐 말하겠느냐 토기장이가 진흙 한 덩이로 하나는 귀히 쓸 그릇을, 하나는 천히 쓸 그릇을 만들 권한이 없느냐

로마서 9:20-21

행함으로 진실한 사랑을 보여 주시는 분

자녀들아 우리가 말과 혀로만 사랑하지 말고 행함과 진실함으로 하자   요한일서 3:18

십계명을 주신 분

여호와께서 그의 언약을 너희에게 반포하시고 너희에게 지키라 명령하셨으니 곧 십계명이며 두 돌판에 친히 쓰신 것이라

신명기 4:13

내 편이 되어 주시는 분

여호와는 내 편이시라 내가 두려워하지 아니하리니 사람이 내게 어찌할까 여호와께서 내 편이 되사 나를 돕는 자들 중에 계시니 그러므로 나를 미워하는 자들에게 보응하시는 것을 내가 보리로다   시편 118:6-7

26 고난이 유익되게 해 주시는 분

고난 당한 것이 내게 유익이라 이로 말미암아 내가 주의 율례들을 배우게 되었나이다 시편 119:71

한 알의 밀알

11월 November

내가 진실로 진실로 너희에게 이르노니 한 알의 밀이 땅에 떨어져 죽지 아니하면 한 알 그대로 있고 죽으면 많은 열매를 맺느니라 요한복음 12:24

28
산 자와 죽은 자를 심판하시는 분

하나님 앞과 살아 있는 자와 죽은 자를 심판하실 그리스도 예수 앞에서 그가 나타나실 것과 그의 나라를 두고 엄히 명하노니 너는 말씀을 전파하라 때를 얻든지 못 얻든지 항상 힘쓰라 범사에 오래 참음과 가르침으로 경책하며 경계하며 권하라   디모데후서 4:1-2

온유하신 분

나는 마음이 온유하고 겸손하니 나의 멍에를 메고 내게
배우라 그리하면 너희 마음이 쉼을 얻으리니

마태복음 11:29

많은 사람을 옳은 데로
인도하는 자에게 상 주시는 분

지혜 있는 자는 궁창의 빛과 같이 빛날 것이요 많은 사람을 옳은 데로 돌아오게 한 자는 별과 같이 영원토록 빛나리라
다니엘 12:3

1

영원을 사모하는 마음을 주신 분

12월 December

하나님이 모든 것을 지으시되 때를 따라 아름답게 하셨고 또 사람들에게는 영원을 사모하는 마음을 주셨느니라 그러나 하나님이 하시는 일의 시종을 사람으로 측량할 수 없게 하셨도다   전도서 3:11

각 사람에게 성령을 주신 분

각 사람에게 성령을 나타내심은 유익하게 하려 하심이라

고린도전서 12:7

3
모태에서 나를 조직하신 분

주께서 내 내장을 지으시며 나의 모태에서 나를 만드셨나이다
시편 139:13

④
바로에게 열 가지 재앙을 내리신 분

사백삼십 년이 끝나는 그 날에 여호와의 군대가 다 애굽 땅에서 나왔은즉 이 밤은 그들을 애굽 땅에서 인도하여 내심으로 말미암아 여호와 앞에 지킬 것이니 이는 여호와의 밤이라 이스라엘 자손이 다 대대로 지킬 것이니라

출애굽기 12:41-42

항상 경책하시지 않는 분

여호와는 긍휼이 많으시고 은혜로우시며 노하기를 더디 하시고 인자하심이 풍부하시도다 자주 경책하지 아니하시며 노를 영원히 품지 아니하시리로다   시편 103:8-9

6
홍해를 가르신 분

이는 너희가 애굽에서 나올 때에 여호와께서 너희 앞에서 홍해 물을 마르게 하신 일과 너희가 요단 저쪽에 있는 아모리 사람의 두 왕 시혼과 옥에게 행한 일 곧 그들을 전멸시킨 일을 우리가 들었음이니라   여호수아 2:10

원수를 갚아 주시는 분

12월 December

내 사랑하는 자들아 너희가 친히 원수를 갚지 말고 하나님의 진노하심에 맡기라 기록되었으되 원수 갚는 것이 내게 있으니 내가 갚으리라고 주께서 말씀하시니라

로마서 12:19

8
노하기를 더디하시는 분

그러나 주여 주는 긍휼히 여기시며 은혜를 베푸시며 노하기를 더디하시며 인자와 진실이 풍성하신 하나님이시오니

시편 86:15

⑨ 홍수로 죄악을 심판하신 분

12월 December

노아가 방주에 들어가던 날까지 사람들이 먹고 마시고 장가 들고 시집 가더니 홍수가 나서 그들을 다 멸망시켰으며
누가복음 17:27

10
언어를 흩으신 분

그러므로 그 이름을 바벨이라 하니 이는 여호와께서 거기서 온 땅의 언어를 혼잡하게 하셨음이니라 여호와께서 거기서 그들을 온 지면에 흩으셨더라 창세기 11:9

좋은 것으로
소원을 만족시켜 주시는 분

좋은 것으로 네 소원을 만족하게 하사 네 청춘을 독수리 같이 새롭게 하시는도다   시편 103:5

12
하늘에서 인생을 굽어 살피시는 분

여호와께서 하늘에서 인생을 굽어 살피사 지각이 있어 하나님을 찾는 자가 있는가 보려 하신즉　　시편 14:2

⑬ 바다 위를 걸어오신 분

제자들이 그가 바다 위로 걸어오심을 보고 놀라 유령이라 하며 무서워하여 소리 지르거늘 마태복음 14:26

14
바다를 꾸짖어 잔잔케 하시는 분

예수께서 깨어 바람을 꾸짖으시며 바다더러 이르시되 잠잠하라 고요하라 하시니 바람이 그치고 아주 잔잔하여지더라

마가복음 4:39

귀신들을 쫓아내시는 분

저물매 사람들이 귀신 들린 자를 많이 데리고 예수께 오거늘 예수께서 말씀으로 귀신들을 쫓아내시고 병든 자들을 다 고치시니 마태복음 8:16

16
주님을 의지하는 자에게 복 주시는 분

네 길을 여호와께 맡기라 그를 의지하면 그가 이루시고

시편 37:5

죽이기도 하시고 살리기도 하시는 분

12일 December

이제는 나 곧 내가 그인 줄 알라 나 외에는 신이 없도다
나는 죽이기도 하며 살리기도 하며 상하게도 하며 낫게도
하나니 내 손에서 능히 빼앗을 자가 없도다

신명기 32:39

18
스올에 내리기도 하시고
올리기도 하시는 분

여호와는 죽이기도 하시고 살리기도 하시며 스올에 내리게도 하시고 거기에서 올리기도 하시는도다

사무엘상 2:6

가난하게도 하시고
부하게도 하시는 분

여호와는 가난하게도 하시고 부하게도 하시며……

사무엘상 2:7

낮추기도 하시고 높이기도 하시는 분

······낮추기도 하시고 높이기도 하시는도다

사무엘상 2:7

행동을 달아 보시는 분

심히 교만한 말을 다시 하지 말 것이며 오만한 말을 너희의 입에서 내지 말지어다 여호와는 지식의 하나님이시라 행동을 달아 보시느니라   사무엘상 2:3

눈 곳간과 우박 창고를 만드신 분

네가 눈 곳간에 들어갔었느냐 우박 창고를 보았느냐

욥기 38:22

먼저 가 보시는 분

그는 너희보다 먼저 그 길을 가시며 장막 칠 곳을 찾으시고 밤에는 불로, 낮에는 구름으로 너희가 갈 길을 지시하신 자이시니라
           신명기 1:33

독수리 날개로 업어 인도해 주시는 분

내가 애굽 사람에게 어떻게 행하였음과 내가 어떻게 독수리 날개로 너희를 업어 내게로 인도하였음을 너희가 보았느니라
출애굽기 19:4

꺼져가는 심지를 끄지 않으시는 분

상한 갈대를 꺾지 아니하며 꺼져가는 심지를 끄지 아니하기를 심판하여 이길 때까지 하리니 마태복음 12:20

젊은 사자의 식량을 채우시는 분

네가 사자를 위하여 먹이를 사냥하겠느냐 젊은 사자의 식욕을 채우겠느냐

욥기 38:39

하늘을 지으신 분

만국의 모든 신은 헛것이나 여호와께서는 하늘을 지으셨도다 역대상 16:26

무소불능하신 분

주께서는 못 하실 일이 없사오며 무슨 계획이든지 못 이루실 것이 없는 줄 아오니   욥기 42:2

29

우리를 낳아 주신 분

내가 여호와의 명령을 전하노라 여호와께서 내게 이르시되 너는 내 아들이라 오늘 내가 너를 낳았도다 시편 2:7

"너는 내 것이라" 지명하여 주시는 분

야곱아 너를 창조하신 여호와께서 지금 말씀하시느니라 이스라엘아 너를 지으신 이가 말씀하시느니라 너는 두려워하지 말라 내가 너를 구속하였고 내가 너를 지명하여 불렀나니 너는 내 것이라   이사야 43:1

우리를 창조하신 분

내 이름으로 불려지는 모든 자 곧 내가 내 영광을 위하여 창조한 자를 오게 하라 그를 내가 지었고 그를 내가 만들었느니라 이사야 43:7